ORGANIZADORA PRISCILA RAMAZE

EDUCAÇÃO FINANCEIRA
Planejamento, lições práticas e sustentáveis

4º ANO

IBEP

1ª edição
São Paulo – 2023

ENSINO FUNDAMENTAL
ANOS INICIAIS

Educação Financeira: Planejamento, Lições Práticas e Sustentáveis
4º ano
© IBEP, 2023

Diretor superintendente	Jorge Yunes
Diretora editorial	Célia de Assis
Assessoria pedagógica	Juliana Silvestre dos Santos, Daniel Martins Papini Mota, Inês Calixto
Edição	RAF Editoria e Serviços, Mizue Jyo, Soraia Willnauer, Marília Pugliese Blanco, Deborah Quintal
Assistência editorial	Daniela Venerando, Isabella Mouzinho e Stephanie Paparella
Revisão	RAF Editoria e Serviços, Yara Afonso
Secretaria editorial e processos	Elza Mizue Hata Fujihara
Assistência de arte	Juliana Freitas
Ilustração	Alexandre Benites
Produção Gráfica Editorial	Marcelo Ribeiro
Projeto gráfico e capa	Aline Benitez
Ilustração da capa	Alexandre Benites
Diagramação	Nany Produções Gráficas

Dados Internacionais de Catalogação na Publicação (CIP) de acordo com ISBD

R166e   Ramaze, Priscila

Educação Financeira: Planejamento, Lições Práticas e Sustentáveis / Priscila Ramaze ; organizado por IBEP - Instituto Brasileiro de Edições Pedagógicas. - São Paulo : IBEP - Instituto Brasileiro de Edições Pedagógicas, 2023.
   il. ; 20,5 cm x 27,5 cm. - (Educação Financeira 4º ano)

ISBN: 978-65-5696-478-2 (aluno)
ISBN: 978-65-5696-479-9 (professor)

1. Educação. 2. Ensino fundamental. 3. Educação Financeira. I. IBEP - Instituto Brasileiro de Edições Pedagógicas. II. Título. III. Série.

2023-1214   CDD 372.07
                                 CDU 372.4

Elaborado por Vagner Rodolfo da Silva - CRB-8/9410

Índice para catálogo sistemático:
1. Educação - Ensino fundamental: Livro didático 372.07
2. Educação - Ensino fundamental: Livro didático 372.4

Impressão e acabamento - Leograf - Julho de 2025

1ª edição – São Paulo – 2023
Todos os direitos reservados

IBEP   **abdr**

Rua Gomes de Carvalho, 1306, 11º andar, Vila Olímpia
São Paulo (SP) – 04547-005 – Brasil – Tel.: (11) 2799-7799
www.editoraibep.com.br   editoras@ibep-nacional.com.br

APRESENTAÇÃO

Querido leitor,

Este livro foi escrito para mostrar que educação financeira é um assunto importante para todo mundo e, também, para as crianças. Nesta coleção, você verá diversas situações do cotidiano que envolvem educação financeira. Além disso, você aprenderá como é importante, desde pequeno, ser responsável, ajudar nas tarefas domésticas e participar das decisões sobre o orçamento da família, fazendo a sua parte para economizar e poupar dinheiro. É desse modo que conseguimos realizar nossos sonhos!

Acompanhe as situações apresentadas em cada lição e aproveite a jornada do conhecimento sobre o valor do dinheiro, como lidar com ele, como planejar o dia a dia, como concretizar sonho e muito mais. Aproveite as histórias e essa jornada do conhecimento. Boa leitura e bons estudos!

A autora.

SUMÁRIO

Lição 1 – **O dinheiro** 4

Lição 2 – **Pequeno empreendedor** 11

Lição 3 – **Qualidade de vida** 20

Lição 4 – **Para um mundo melhor** 26

Ao ver estes ícones, você vai:

 manifestar-se oralmente.

 interagir com a família e com os colegas.

LIÇÃO 1 >>> O DINHEIRO

💬 **Converse com os colegas e com o professor sobre a imagem desta página.**

- Você considera importante ter dinheiro? Explique.
- É possível negociar sem ter dinheiro? De que modo isso pode ser feito?
- Pense nas coisas que você mais gosta de fazer. Elas custam algum valor? Conte para os colegas.

Você sabe o que é o Banco Central? Esse órgão ligado ao Governo Federal tem tudo a ver com o dinheiro que usamos no dia a dia. Leia o texto a seguir.

O caminho do dinheiro

O Banco Central tem, entre as suas responsabilidades, o gerenciamento do meio circulante, que nada mais é do que garantir, para a população, o fornecimento adequado de dinheiro em espécie. É o dinheiro vivo que facilita transações do dia a dia.

O BC autoriza a emissão de dinheiro (feito na Casa da Moeda, no Rio de Janeiro) em quantidade suficiente para atender às necessidades dos consumidores e das empresas.

[...]

Após a fabricação, as notas e moedas seguem para o Banco Central, onde são encaminhadas ao Banco do Brasil, que é contratado para distribuir o dinheiro entre os demais bancos. Por esse trabalho, fiscalizado pelo Banco Central, o distribuidor é chamado de custodiante.

O Banco do Brasil ajuda o Banco Central também no serviço de recolhimento de notas e eventualmente moedas em mau estado ou suspeitas de falsificação. É importante saber o que fazer com notas e moedas inadequadas à circulação.

Ao receber as cédulas e moedas recolhidas pela rede bancária, o Banco Central [...] analisa as notas e as moedas e destrói as que não tiverem condições de circular.

Banco Central do Brasil. O caminho do dinheiro. Disponível em: https://www.bcb.gov.br/cedulasemoedas/caminhododinheiro. Acesso em: 26 abr. 2023.

>>> VOCÊ SABIA?

Dinheiro em espécie, também chamado de **dinheiro vivo** ou **meio circulante**, é o dinheiro que circula no dia a dia das pessoas, na forma física de cédulas e moedas.

Dinheiro digital é o dinheiro que circula por intermédio de operações eletrônicas, como compras pagas por meio de cartões bancários, transferências de dinheiro feitas pela internet etc.

ATIVIDADES

1 Observe o infográfico que mostra o caminho que o dinheiro percorre até chegar à população. Depois, faça as atividades a seguir.

O Caminho do Dinheiro

FABRICANTE
É contratado para produzir o dinheiro (Casa da Moeda).

INÍCIO
O Banco Central solicita a impressão do dinheiro.

INSTITUIÇÃO CUSTODIANTE
É contratada para armazenar e fazer a logística do dinheiro. Ela também recolhe as cédulas que não estão em bom estado. É o Banco do Brasil.

BANCO CENTRAL
É no Banco Central que o dinheiro é emitido e passa a valer.

INSTITUIÇÕES FINANCEIRAS
Recebem o dinheiro da instituição custodiante e repassam aos seus clientes.

CUIDE BEM DAS NOTAS
Devem ser retiradas de circulação as cédulas manchadas, sujas, desfiguradas, gastas, fragmentadas, com marcas, rabiscos, símbolos e desenhos.

COLOQUE AS MOEDAS EM USO
Colocar moedas em circulação é bom para a economia e para o meio ambiente.

CORRENTISTAS
A população também tem papel fundamental no processo de zelar pelo dinheiro brasileiro, cuidando bem das notas e colocando as moedas em circulação.

Banco Central do Brasil. *O caminho do dinheiro*. Disponível em: https://www.bcb.gov.br/cedulasemoedas/caminhododinheiro. Acesso em: 26 abr. 2023.

a) De acordo com o texto e o infográfico, quem solicita a fabricação do dinheiro?

○ A Casa da Moeda.

○ O Banco do Brasil.

○ O Banco Central.

b) O dinheiro é fabricado na Casa da Moeda, no Rio de Janeiro, por solicitação do _____. Depois de pronto, ele segue para o _____, onde é emitido, passando a valer como dinheiro.

c) No infográfico, circule a recomendação feita sobre a conservação do dinheiro.

2 De onde vem o dinheiro das famílias? Converse com os colegas e o professor a esse respeito e registre as conclusões a que chegaram a seguir.

_____
_____
_____
_____
_____
_____

>>> VOCÊ SABIA?

Há diferentes modos de se receber dinheiro: pode ser por meio de salário mensal ou de rendimentos de trabalho autônomo de membros da família, de lucros de empresa que possuam, entre outras possibilidades. Há também aqueles que cultivam a terra, criam gado e recebem dinheiro quando vendem a colheita e/ou animais. Alguns membros familiares podem ser aposentados ou receberem pensão do governo; outros recebem aluguéis.

A soma de todo o dinheiro que os membros de uma família ganham periodicamente é chamada de **renda familiar**. Conhecer a renda familiar é importante para planejar as despesas, procurar poupar algum dinheiro e realizar projetos futuros.

3 Converse com seus pais ou responsáveis para responder às questões seguintes.

a) De onde vem a renda de sua família?

_____

_____

b) Quais são as principais despesas de sua família?

_____

_____

c) Será que é fácil administrar as despesas de uma casa e ainda guardar dinheiro para fazer reservas e realizar sonhos?

_____

_____

_____

d) Você acha que sua participação é importante para diminuir os gastos da família? Explique.

_____

_____

_____

Seja qual for a fonte de renda de uma pessoa ou de uma família, todos os rendimentos têm descontos feitos pelo governo. Esse dinheiro é aplicado pelo poder público para proporcionar bens e serviços à população, beneficiando toda a coletividade.

Veja, por exemplo, os descontos feitos do salário de trabalhadores que têm contrato fixo.

- Desconto feito pelo Instituto Nacional do Seguro Social (INSS): é feito para garantir direitos ligados à Previdência Social, que assegura ao trabalhador benefícios como aposentadoria e auxílio-doença.
- Desconto feito para pagamento do Imposto de Renda de Pessoa Física (IRPF): parte desse imposto vai para o Governo Federal, outra para os governos estadual e municipal.

Rafael e Mariana são um casal que têm contrato fixo de trabalho. Ela é mecânica em uma oficina de automóveis, e ele é confeiteiro em uma padaria.

4 A renda familiar de Mariana e Rafael é formada pelo salário dos dois.

a) Veja quais são os salários brutos de Mariana e Rafael.

	SALÁRIO BRUTO
MARIANA	R$ 3.530,00
RAFAEL	R$ 2.980,00

b) Antes dos pagamentos de salário, são feitos descontos obrigatórios referentes ao Imposto de Renda e à Previdência Social. Veja qual é o total de descontos, em valores aproximados, feitos nos salários de Mariana e Rafael.

	DESCONTO DO SALÁRIO BRUTO
MARIANA	R$ 550,00
RAFAEL	R$ 410,00

>>> VOCÊ SABIA?

Bruto é o valor total resultante de uma atividade, como o salário que alguém recebe pelo seu trabalho, antes que sejam feitos descontos. **Líquido** é o valor final que resta depois de serem aplicados todos os descontos que devem ser feitos no valor bruto, como o de impostos.

c) Qual é o valor aproximado dos salários líquidos de Mariana e Rafael? Calcule no caderno e escreva o resultado a seguir.

Mariana: _____

Rafael: _____

5 Mariana e Rafael estão analisando seu orçamento doméstico do mês, levando em conta sua renda e as despesas fixas.

ORÇAMENTO DOMÉSTICO	
RECEITAS	
Salário de Mariana	
Salário de Rafael	
TOTAL:	
DESPESAS	
Aluguel	R$ 1.800,00
Condomínio	R$ 600,00
Conta de água	R$ 100,00
Conta de energia elétrica	R$ 160,00
Conta de gás	R$ 150,00
Internet	R$ 170,00
Alimentação	R$ 1.500,00
Transporte	R$ 300,00
TOTAL:	

a) Complete o orçamento com os valores que compõem a renda do casal: eles devem considerar os salários brutos ou os salários líquidos?

b) As despesas de Mariana e Rafael são maiores ou menores que sua renda? Quanto sobra ou quanto falta por mês? Faça os cálculos no caderno e indique a resposta.

_____

6 Mariana e Rafael combinaram que deveria sobrar $\frac{1}{5}$ de sua renda mensal líquida para despesas imprevistas ou variáveis.

a) Indique essa fração na reta numérica e o valor correspondente dessa fração em relação à renda líquida do casal.

b) Rafael e Mariana estão cumprindo essa meta? Em caso negativo, o que o casal poderia fazer para cumpri-la?

Nesta lição, você aprendeu como o dinheiro é fabricado, como é colocado em circulação e quais são as medidas de segurança contra o dinheiro falso.

Viu também como o dinheiro chega até as famílias e conheceu o conceito de renda familiar, compreendendo como ela é calculada e como pode ser administrada de modo que as famílias possam ter suas necessidades básicas atendidas e, de preferência, possam poupar para necessidades imprevistas ou para realizar projetos futuros.

LIÇÃO 2 >>> PEQUENO EMPREENDEDOR

ALEXANDRE BENITES

💬 **Converse com os colegas e com o professor sobre a imagem desta página.**

- O que as crianças representadas na imagem estão fazendo?
- Você acredita que fazer trocas é uma maneira de negociar?
- Você já trocou algum brinquedo por outro? Em caso positivo, que brinquedo você recebeu? O que deu em troca?
- O que você entende por **empreendedorismo**?

Brincadeiras com barro no Jequitinhonha

Eu me chamo Izabel e nasci na fazenda do Córrego Novo. A cidade mais perto é Santana do Araçuaí, bem no Vale do Rio Jequitinhonha. Meu pai mexe com a roça e minha mãe trabalha com barro, fazendo pote, panela e prato pra vender.

Eu via a mãe mexendo, puxando assim, montando aquelas vasilhas. Aí falava: "vou fazer uma bonequinha de barro pra brincar".

Eu tinha muita vontade de brincar com boneca. E minha mãe brigava quando eu ia apanhar um bolinho de barro pra fazer um brinquedo. Ela brigava, ralhava comigo, porque o barro era difícil de achar. Só que, quando ela saía, quando ia almoçar [...] eu pegava um bolinho de barro e escondia. Na hora que o menino, meu irmãozinho, dormia, eu botava o menino na cama e ia fazer a bonequinha. Eu falava: "vou fazer a boneca!".

Tinha pra sete, oito anos, e sem nunca saber que ia fazer, fazia a boneca de barro. Aquelas bonequinhas pequenininhas. Aí, enchia de tanto gosto, ter aquilo pra mim! Eu nem tinha mais sono para ir dormir de noite. Vontade de amanhecer logo pra cuidar das minhas bonequinhas.

Eu ia fazendo tudo escondido! E, quando minha mãe via, valha-me Deus! Brigava comigo. Quando ela ia colocar as peças no forno, eu vinha com aquelas coisinhas na mão, em roda do forno, pra colocar junto com as dela.

– Sai daqui, menina! Você vai quebrar minhas vasilhas!

– Oh, mãe, põe num cantinho, assim? Num cantinho!

Minha mãe ficava com dó e colocava minhas peças junto com as peças dela. No outro dia, quando ela levantava pra ver no formo como tinha ficado, eu tinha levantado primeiro e já estava esperando pra tirar as peças dela e as minhas. É, as minhas. Minhas bonequinhas. Só pra mim!

Da brincadeira para a arte

Izabel aprimorou as bonecas da infância, fazendo-as maiores e mais vistosas. Um dia, quando trabalhava na lavoura, resolveu criar coragem pra viver da sua arte. Foi para a beira da estrada Rio-Bahia para vender suas peças, pois lá passava gente de todo lugar. Pouco a pouco, sua arte ganhou visibilidade até se tornar conhecida dentro e fora do Brasil. As bonecas são hoje consideradas preciosidades da arte popular e costumam ser feitas por vários artistas do Vale, muitos ensinados por Izabel. Na praça da sua cidade natal, Santana do Araçuaí, foi erguida uma escultura em sua homenagem, em formato de boneca.

José Santos. *Crianças do Brasil*: suas histórias, seus brinquedos, seus sonhos. São Paulo: Peirópolis; Museu da Pessoa, 2012. p. 13-14.

Artesã criando pote de barro.

ATIVIDADES

1 Com que idade Izabel começou a fazer bonecas de barro?

_____

2 Por que a mãe não queria que Izabel pegasse bolinhos de barro para fazer bonecas?

_____

_____

3 Que estratégias Izabel usava para fazer as bonecas sem que a mãe percebesse?

_____

_____

_____

4 Releia este trecho do texto:

    Aí, enchia de tanto gosto, ter aquilo pra mim! Eu nem tinha mais sono para ir dormir de noite. Vontade de amanhecer logo pra cuidar das minhas bonequinhas.

💬 Você já ficou acordado à noite por causa de algo que lhe fazia muito feliz? Converse com os colegas.

5 Quando cresceu, Izabel deixou de fazer bonecas? O que aconteceu com a artesã?

_____

_____

6 Que decisão importante Izabel tomou?

_____

_____

7 O negócio de vender bonecas deu certo?

_____

_____

››› VOCÊ SABIA?

Empreender é usar a criatividade, desenvolver habilidades, planejar, pesquisar, inovar, aprender a socializar, ter autonomia, buscar soluções para os problemas. É abraçar uma ideia, um sonho, um desejo, planejar como realizá-los e colocar esse plano em prática.

Veja algumas características das pessoas empreendedoras.

- Sabem tomar decisões.
- Fazem a diferença.
- Exploram ao máximo as oportunidades.
- São determinadas, dinâmicas, dedicadas, otimistas.
- Têm iniciativa para criar um negócio e paixão pelo que fazem.
- Utilizam os recursos disponíveis de modo criativo.
- Aceitam assumir riscos calculados e a possibilidade de fracasso.

Criar projetos para o bem coletivo, como limpeza de espaços públicos, também é empreender.

8 Você acha que Izabel, a artesã do Vale do Jequitinhonha, é uma pessoa empreendedora? Justifique.

_____
_____
_____
_____

Maria Clara quer muito ajudar a Associação de Moradores de seu bairro, que mantém uma creche para as mães que trabalham e não têm onde deixar seus bebês. A creche está precisando de mais receita, e Maria Clara teve a ideia de fazer um bazar com as roupas e os acessórios que não usava mais. Toda a renda iria para a creche. Ela teve a ideia por causa da Semana do Jovem Empreendedor que haveria em sua cidade. Para o evento, a prefeitura havia disponibilizado um local em que crianças e jovens, acompanhados de pais ou responsáveis, poderiam montar pequenos negócios, como a troca ou a venda de objetos pessoais que já não usavam, desde que a renda das vendas fosse para projetos sociais.

Para deixar o ambiente mais atrativo para seus futuros clientes, a mãe de Maria Clara sugeriu a compra de algumas flores para enfeitar o local. Ela conversou com os vizinhos da Associação de Moradores e usaram um dinheiro que havia disponível. Veja a seguir os vasos de flores que a mãe de Maria Clara comprou para o bazar.

R$ 5,00   R$ 6,00

9 A mãe de Maria Clara comprou pela internet 5 vasos da flor vermelha e 4 vasos da flor azul para enfeitar o bazar da filha. Quando recebeu, viu que ocupariam muito espaço e devolveu 2 vasos da flor vermelha e 1 vaso da flor azul.

a) Qual foi o gasto inicial que a mãe de Maria fez com o dinheiro da Associação de Moradores?

b) Quanto a mãe de Maria Clara recebeu de volta pelas devoluções?

c) Qual foi o gasto final da Associação de Moradores com as operações feitas pela mãe de Maria?

10 No primeiro dia, Maria Clara vendeu 2 peças de roupa de R$ 7,00, 3 de R$ 5,00 e 1 de R$ 2,00.

a) Quanto Maria recebeu pelas vendas no primeiro dia?

b) Com as vendas do primeiro dia, Maria Clara recuperou o dinheiro gasto para enfeitar o local?

11 No segundo dia de bazar, Maria Clara vendeu mais 6 peças: 2 peças no valor de R$ 4,00 cada uma e 4 peças no valor de R$ 3,00 cada uma.

Quanto Maria Clara recebeu pelas vendas no segundo dia?

12 O bazar de Maria Clara fez tanto sucesso que, já no quinto dia, ela tinha vendido as últimas 7 peças. Uma delas foi no valor de R$ 8,00, 2 no valor de R$ 9,00 cada uma e 4 no valor de R$ 11,00 cada uma.

Quanto Maria Clara recebeu no total, pelas vendas dos 5 dias?

13 Quanto a Associação de Moradores ganhou, no total, com o bazar de roupas da Maria Clara?

Júlia, a mãe de Maria Clara, já tinha vontade há algum tempo de ter sua própria loja de roupas. Vendo o esforço de sua filha, resolveu finalmente empreender também. No caso dela, o objetivo não era ajudar algum projeto social, mas melhorar a vida de sua família. Ao abrir sua loja de roupas em uma galeria da cidade, como todo comerciante, Júlia teve que pagar impostos para os governos municipais, estaduais e federal.

Esses governos exercem o poder público, que é responsável por disponibilizar o acesso da população à saúde, à educação, ao transporte escolar, à rede de esgoto, entre outros serviços públicos. Além disso, o poder público também cuida da iluminação e da limpeza de ruas e praças, coleta de lixo, promoção de cultura, esportes etc.

Para fazer tudo isso, os governos dependem da contribuição dos cidadãos e das empresas, na forma do pagamento de impostos e taxas.

14 Observe o infográfico a seguir. Nele, estão representados alguns serviços públicos. Com os colegas, procure identificá-los.

MAGIC PICTURES/SHUTTERSTOCK

>>> VOCÊ SABIA?

Taxa é um valor cobrado dos cidadãos ou das empresas pelos governos e que deve ser destinada a uma finalidade específica. Por exemplo, a taxa de lixo que as prefeituras cobram só pode ser usada na gestão do lixo produzido nas cidades.

Já o **imposto** pode ser direcionado para diversas finalidades. Um exemplo é o Imposto Predial e Territorial Urbano (IPTU), também municipal, pago por donos e inquilinos de imóveis, e que pode ser aplicado em transporte, saúde, educação, desde que seja nas áreas em que é recolhido.

Para começar seu negócio de roupas, Júlia, a mãe de Maria Clara, comprou de uma fábrica um lote de R$ 10.000,00 de peças de vestuário para revender em seu comércio.

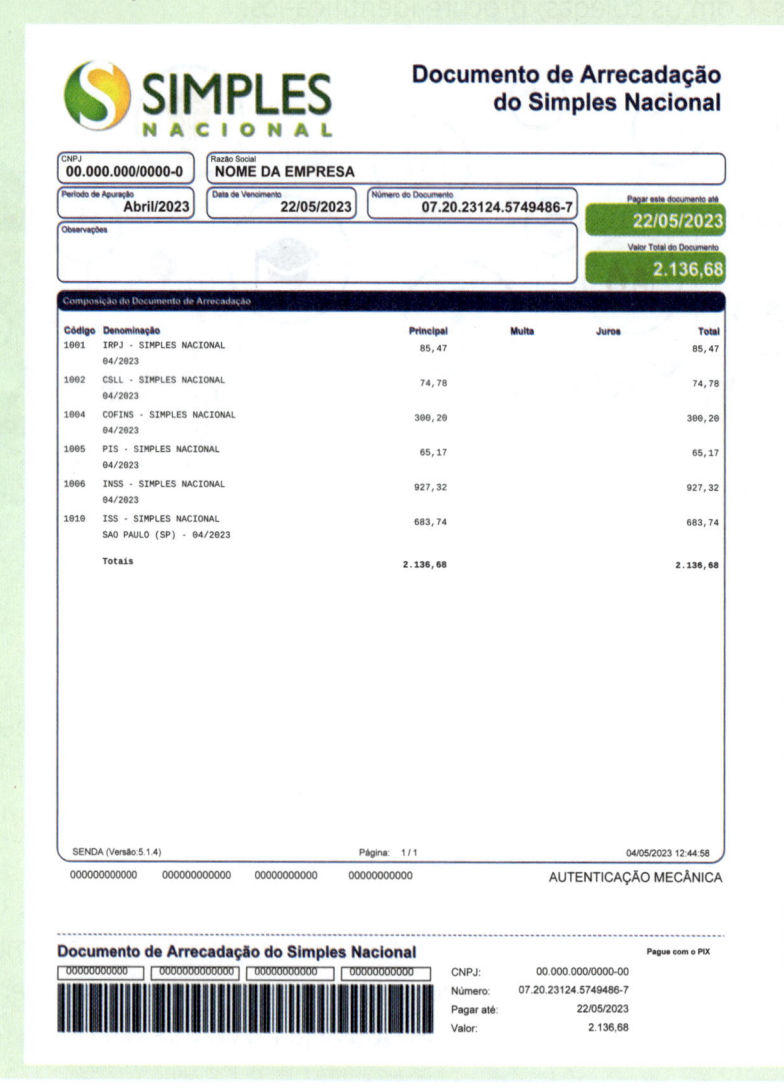

No primeiro mês de funcionamento, Júlia vendeu um total de R$ 11.000,00 em roupas e pagou R$ 2.000,00 em impostos. Ela optou por um sistema que unifica vários impostos, chamado Simples, que permite que eles sejam pagos juntamente. Veja o exemplo de documento de pagamento do Simples referente ao primeiro mês de funcionamento de sua loja.

Documento de Arrecadação do Simples Nacional

CNPJ: 00.000.000/0000-0
Razão Social: NOME DA EMPRESA
Período de Apuração: Abril/2023
Data de Vencimento: 22/05/2023
Número do Documento: 07.20.23124.5749486-7
Pagar este documento até: 22/05/2023
Valor Total do Documento: 2.136,68

Composição do Documento de Arrecadação

Código	Denominação	Principal	Multa	Juros	Total
1001	IRPJ - SIMPLES NACIONAL 04/2023	85,47			85,47
1002	CSLL - SIMPLES NACIONAL 04/2023	74,78			74,78
1004	COFINS - SIMPLES NACIONAL 04/2023	300,20			300,20
1005	PIS - SIMPLES NACIONAL 04/2023	65,17			65,17
1006	INSS - SIMPLES NACIONAL 04/2023	927,32			927,32
1010	ISS - SIMPLES NACIONAL SAO PAULO (SP) - 04/2023	683,74			683,74
	Totais	2.136,68			2.136,68

15 No primeiro mês de funcionamento, Júlia também gastou R$ 1.500,00 com aluguel, água e luz do espaço de sua loja. Além disso, essas peças que ela vendeu por R$ 11.000,00 custaram a ela R$ 4.000,00 em preço de fábrica. Então, qual foi o lucro de Júlia nesse mês?

---

16 Júlia procura controlar todas as despesas e receitas de sua loja. Mas, ultimamente, ela tem verificado que as contas estão tendendo a ficar desequilibradas. Veja o gráfico com os lucros e as despesas de sua loja nos últimos quatro meses do ano.

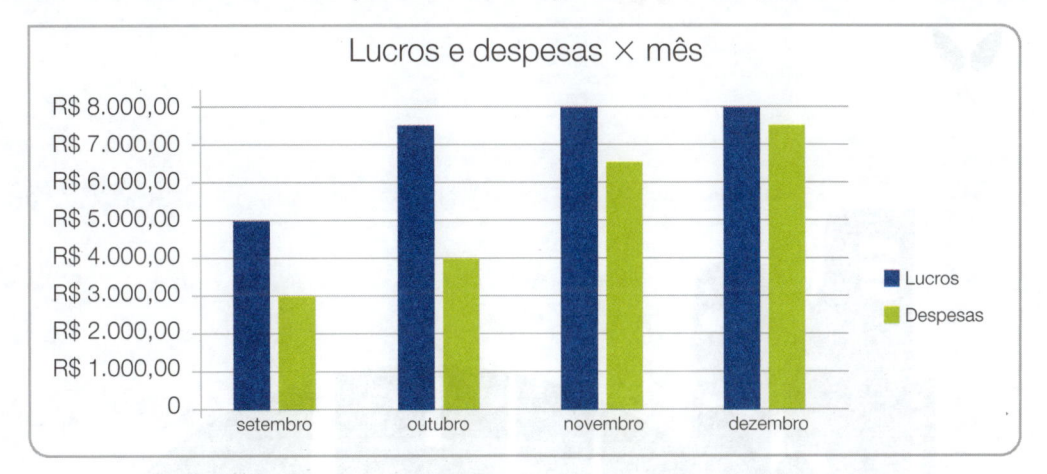

a) O lucro de Júlia foi maior que as despesas em todos os meses?

---

b) O que aconteceu com o lucro em relação às despesas da loja de Júlia nos últimos dois meses do ano?

---

17 💬 Você teria alguma recomendação a fazer para a Júlia em relação aos lucros e despesas de sua loja? Cite medidas concretas.

Nesta lição, você aprendeu sobre empreendedorismo. Conheceu as características pessoais e as habilidades que devemos desenvolver e cultivar para nos tornarmos pessoas empreendedoras. Compreendeu que empreender pode significar tanto uma melhoria das condições de vida de pessoas e famílias como de coletividades, como um bairro, uma cidade etc.

Você entendeu também a importância dos impostos pagos pelos cidadãos, pois eles permitem o oferecimento de serviços públicos essenciais para a população.

LIÇÃO 3 >>> QUALIDADE DE VIDA

Converse com os colegas e com o professor sobre a imagem desta página.

- O que é bem-estar para você? O que precisamos fazer para sentirmos bem-estar?
- O que você entende por qualidade de vida?
- Será que uma cidade bem cuidada ajuda os cidadãos a ter uma boa qualidade de vida?
- Como você imagina que seria uma cidade ideal?

ATIVIDADES

1 No caderno, relacione cada ícone a uma prática que promove uma melhoria da saúde e do bem-estar das pessoas.

Alguns hábitos e práticas que nos ajudam a ter saúde e a experimentar o bem-estar relacionam-se a ambientes privados, como nossas casas: lugares limpos e organizados para dormir, estudar etc. Outros acontecem em espaços públicos: praças, parques, bibliotecas e teatros públicos, centros culturais, entre outros. Mas quem cuida desses lugares?

O cuidado com os espaços públicos é responsabilidade de todos. Da parte dos cidadãos, eles devem usar responsavelmente esses lugares, tomando cuidado para não danificar aquilo que é de todos.

Mas quem administra esses espaços e cuida de sua construção e manutenção é o poder público. Nas cidades, esse poder é representado pelo governo municipal, liderado pelo prefeito, eleito pela população.

O prefeito comanda a prefeitura que administra a cidade. Isso significa atender as necessidades dos moradores, cuidar e manter o patrimônio público já instalado e os serviços oferecidos e realizar melhorias.

2 Vamos conhecer melhor o atual governo da sua cidade? Para responder às questões seguintes, converse com o professor e os colegas e faça pesquisas, se necessário.

a) Qual é o nome do prefeito da sua cidade? Como ele chegou a esse cargo?

b) Quem faz parte da equipe do prefeito?

c) Você acha que o atual governo municipal cuida bem da sua cidade? Explique para os colegas e o professor.

O dinheiro que as prefeituras gastam para cuidar das cidades vêm basicamente das taxas e dos impostos pagos pelos cidadãos. Mas como é decidido onde aplicar esse dinheiro? Leia o texto a seguir.

Em audiência pública, Prefeitura define orçamento de 2023 em R$ 721 milhões

26 set. 2022

Tanto a Constituição quanto a Lei de Responsabilidade Fiscal determinam que a administração municipal deve produzir sua Lei Orçamentária Anual (LOA), que é uma previsão de quanto dinheiro o município vai arrecadar no ano, especificando no mesmo documento onde esses recursos serão gastos. E, para apresentar o documento à população, a Prefeitura de Umuarama realizou na tarde desta segunda-feira (26) uma audiência pública *on-line*, onde sugeriu um orçamento para 2023 estimado em R$ 721 [milhões].

[...]

As estimativas, segundo a secretária de Fazenda, Gislaine Alves Vieira de Marins, são previsões feitas obedecendo a uma série de estudos. "As três principais fontes de receita estimadas devem vir das chamadas transferências correntes, em R$ 385 milhões, dos impostos, taxas e contribuições de melhorias, em R$ 169 milhões e das receitas de capital, em R$ 65 milhões. Já as principais despesas orçamentárias devem ser destinadas às secretarias de Saúde – R$ 194 milhões –, Educação – R$ 127 milhões – e Obras – R$ 86 milhões", esclareceu.

Agora, depois de realizada a audiência pública, a proposta do Projeto de Lei será enviada à Câmara de Vereadores, onde os parlamentares apresentam ou não emendas. Após isso, eles vão votar e aprovar a versão final, que vai para a sanção do prefeito Hermes Pimentel.

EM AUDIÊNCIA pública, Prefeitura define orçamento de 2023 em R$ 721 milhões. *Prefeitura de Umuarama*. Disponível em: https://www.umuarama.pr.gov.br/noticias/fazenda/em-audiencia-publica-prefeitura-define-orcamento-de-2023-em-r-721-milhoes. Acesso em: 26 abr. 2023.

Prédio da Prefeitura Municipal de Umuarama, Paraná.

>>> VOCÊ SABIA?

O orçamento municipal prevê os recursos disponíveis que uma cidade tem para gastar e estabelece como e onde esses gastos devem ser feitos. Obrigatoriamente, por lei, os governos municipais devem apresentar uma proposta de orçamento todo ano, referente ao ano seguinte. A população é consultada, em audiências públicas, e depois essa proposta de orçamento deve ser aprovada pela Câmara dos Vereadores.

3 Quanto o governo municipal de Umuarama estimou que iria arrecadar em 2023?

_____

4 Em relação ao total arrecadado, a quanto corresponde, aproximadamente, a verba prevista somente para a secretaria de Saúde?

○ $\dfrac{1}{6}$ ○ $\dfrac{1}{4}$ ○ $\dfrac{1}{10}$

5 Em relação ao total arrecadado, a quanto corresponde, aproximadamente, a verba prevista para a secretaria de Educação?

○ $\dfrac{1}{5}$ ○ $\dfrac{1}{4}$ ○ $\dfrac{1}{10}$

6 Em relação ao total arrecadado, a quanto corresponde, aproximadamente, a verba prevista para a secretaria de Obras?

○ $\dfrac{1}{6}$ ○ $\dfrac{1}{4}$ ○ $\dfrac{1}{10}$

Em geral, em uma cidade, cada bairro tem necessidades próprias. Quanto maior a cidade, maior a possibilidade de haver grandes diferenças entre um bairro e outro. Por isso, as verbas previstas em um orçamento municipal não são divididas de modo igual entre todos os bairros de uma cidade.

FREEPIK

7) Que tal descobrir algumas necessidades no bairro onde você mora ou no bairro onde está a escola? Observe o passo a passo.

1ª etapa

a) Com a orientação do professor, dividam-se em grupos de quatro integrantes para fazer uma pesquisa no bairro escolhido.

b) Elaborem um único questionário sobre as principais carências de serviços públicos neste bairro.

c) Dividam o questionário por área de atuação do poder público, por exemplo: educação, saúde, transporte, obras em espaços públicos e outras que julgarem importantes.

d) Depois de marcarem as entrevistas antecipadamente, com a ajuda do professor, cada grupo aplicará o mesmo questionário em ruas predeterminadas do bairro.

e) Entreguem os questionários aos entrevistados, que devem responder a questões específicas de cada área.

2ª etapa

a) Depois de prontas as entrevistas, as respostas devem ser organizadas por área.

b) Em cada quadro, organizem as respostas específicas.

SAÚDE
EDUCAÇÃO
OBRAS
TRANSPORTE
OUTRAS

c) Organizem as principais necessidades de cada área, ou seja, as que foram mais citadas pelos moradores.

3ª etapa

a) Registrem os resultados encontrados em uma representação que seja fácil de entender. Pode ser um infográfico, por exemplo. O suporte pode ser um cartaz ou uma apresentação em *slides*.

b) Apresentem os resultados à comunidade escolar ou do bairro, em dia combinado com o professor e a direção da escola.

c) Discutam sobre a possibilidade de que a pesquisa da turma possa ser apresentada em audiência pública sobre o orçamento municipal.

8 Comparem os resultados encontrados na pesquisa da turma com o orçamento da prefeitura de sua cidade. As prioridades foram as mesmas? Por que você acha que isso aconteceu? Converse com a turma e o professor.

Como você viu, as cidades são formadas por espaços públicos e privados. Espaços privados são residências, escritórios etc. Espaços públicos são os lugares de acesso livre e gratuito a todas as pessoas. Os espaços públicos podem ser ambientes abertos, como ruas, calçadas, praças, jardins, parques, ou ambientes fechados, como bibliotecas e museus.

9 O que acontece com a cidade se não cuidamos dos espaços públicos? E o que acontece quando danificamos esses espaços?

10 Você concorda que uma cidade bem administrada contribui para a melhora da qualidade de vida de seus habitantes? Explique.

Nesta lição, você refletiu sobre os contextos, as ações e as práticas que criam ambientes em que nos sentimos bem e que proporcionam uma boa qualidade de vida.

Além disso, avaliou o papel do poder público de realizar uma gestão responsável dos recursos disponíveis em benefício do coletivo.

Você também estudou como os governantes decidem a aplicação do dinheiro dos impostos, e como a população também pode manifestar sua visão a respeito.

LIÇÃO 4 >>> PARA UM MUNDO MELHOR

💬 **Converse com os colegas e com o professor sobre a imagem desta página.**

- Observe a imagem. O que ela mostra?
- Você já cuidou de alguma planta? Em caso positivo, conte como foi.
- É possível produzir o próprio alimento? Explique.

ATIVIDADES

1 Observe a imagem a seguir. Ela se chama **flor da sustentabilidade**.

Flor da sustentabilidade com os seguintes elementos:

Centro: CULTURA DA SUSTENTABILIDADE — Cuidado com as pessoas, Cuidado com a Terra, Repartir excedentes

SEGURANÇA ALIMENTAR
- Restauração da Terra e dos solos danificados
- Sementes de polinização aberta
- Florestas de alimentos orgânicos
- Segurança alimentar, saúde e nutrição
- Distribuição equitativa dos alimentos

ÁGUA
- Acesso a água limpa para todos
- Oceanos vivos
- Bacias hidrográficas saudáveis
- Conservação

ENERGIA E TECNOLOGIA
- Reciclar, reduzir, reparar, reusar e repensar
- Uso ético dos recursos naturais
- Acesso equitativo às tecnologias
- Fontes renováveis de energia
- Consumo justo de energia

INTERAÇÃO HUMANA
- Partilha do conhecimento
- Cooperação, não competição
- Dar poder aos indivíduos
- Troca de opiniões
- Consenso
- Direitos humanos

ESPÉCIES E ECOSSISTEMAS
- Manutenção da diversidade de plantas e animais
- Respeito a todas as formas de vida
- Reflorestamento
- Responsabilidade individual por todas as criaturas vivas

ECONOMIA LOCAL
- Comércio ético
- Consumo sustentável
- Consumo dos produtos da localidade
- Empresas ecológicas
- Manejo de recursos
- Minimização do lixo

Centro de referências em educação integral. Disponível em: https://educacaointegral.org.br/experiencias/projeto-propoe-repensar-dos-espacos-escolares-relacoes-partir-de-vies-sustentavel/. Acesso em: 6 maio 2023.

a) Observe o centro da flor da sustentabilidade. O que significa "repartir excedentes"? Dê exemplos que poderiam ocorrer em seu cotidiano.

b) Considerando as práticas e as ações que compõem a imagem, assinale a alternativa que define o que é sustentabilidade.

○ Práticas e ações que visam a atender as necessidades básicas das pessoas, extraindo o máximo de recursos da natureza.

○ Estratégias criadas para preservar o meio ambiente e os animais, protegendo o planeta das ações humanas.

○ Práticas e ações que procuram o equilíbrio entre o suprimento das necessidades humanas, a preservação do meio ambiente e dos seres vivos.

27

2 Leia, com o professor e os colegas, o texto a seguir e conheça as práticas que podem ajudar a tornar uma escola sustentável.

As 10 práticas de uma escola sustentável

1. Reciclagem

A primeira lição sobre sustentabilidade está no descarte de materiais recicláveis. Várias escolas já vêm instalando lixeiras coloridas para cada tipo de materiais: vidro, plástico, metal e papel. [...]

2. Reduzir e não gerar

Você já deve ter ouvido falar nos outros Rs além da reciclagem: repensar, recusar, reduzir e reutilizar. Os Rs são ferramentas poderosas para educação ambiental [...]

3. Compostagem

A compostagem [...] é o processo de decomposição da matéria orgânica gerada [...] em local e condições adequadas. Os resíduos orgânicos gerados principalmente na lanchonete e na cantina, ao serem compostados, transformam-se em adubo que pode ser usado na horta e nos jardins. [...]

4. Horta

Criar e manter uma horta na escola é uma ação que traz grandes impactos na formação dos alunos. [...] A prática de assistir e cuidar das plantas alimentícias também incentiva uma alimentação saudável.

5. Economia de energia

[...] É importante pensar em formas de não desperdiçar energia, como otimizar as configurações de máquinas e equipamentos para que não fiquem ligados enquanto não estão em uso. [...] Outra ação educativa e econômica é a implementação de fontes de energias renováveis como a [...] energia solar, que também traz autonomia energética e redução da conta de luz.

6. Paisagismo funcional

Uma escola sustentável preza pela conexão com a natureza. [...] As plantas podem estar conectadas à infraestrutura, garantindo a limpeza natural da água e do ar, qualificando o conforto do ambiente.

7. Economia de água e captação de água de chuva

A sinalização nas torneiras e bebedouros reforçam a necessidade de usar com prudência esse precioso recurso. O sistema de captação de água de chuva dispensa a necessidade de utilizar parte dos recursos de abastecimento [...]. Em grandes cidades, a poluição faz com que seja imprópria para uso, podendo ser utilizada no sistema de saneamento ou para irrigação de jardins.

8. Caronas para reduzir poluentes

Um sistema de caronas articulando as famílias que moram próximas diminui bastante as emissões de gases efeito estufa, incentiva a socialização [...] [e] otimiza o tempo dos pais.

9. Optar por produtos naturais

[...] Produtos naturais como vinagre, sabão de coco e bicarbonato de sódio têm ações antibactericidas e esterilizadoras tão eficientes quanto os produtos industrializados, mas não oferecem riscos à saúde humana e ao meio ambiente. [...]

10. Educação ambiental agentes multiplicadores

[...] A formação de alunos que se preocupam com o futuro do planeta faz com que se tornem agentes multiplicadores e agentes ativos na transformação social que tanto desejamos.

Marina Teles. *As 10 práticas de uma escola sustentável*. Disponível em: https://eccaplan.com.br/blog/2020/05/14/as-10-praticas-de-uma-escola-sustentavel/. Acesso em: 26 abr. 2023.

>>> **VOCÊ SABIA?**

Os **5 Rs** podem ser postos em prática com ações simples. **Repensar:** não fazer compras por impulso, de coisas desnecessárias. **Recusar:** dizer "não", sempre que possível, a produtos de uso único, como sacolas plásticas não recicláveis. **Reduzir:** diminuir o consumo, por exemplo, trocando roupas com familiares e amigos em vez de comprar roupas novas. **Reutilizar:** dar nova utilidade a objetos, como a construção de brinquedos a partir de caixas de papelão, tampinhas de garrafa etc., ou seja, de materiais que iriam para o lixo. **Reciclar:** reaproveitar um produto de modo que ele seja matéria-prima para a fabricação de outro objeto.

3 As escolas no Brasil e no mundo vêm adotando práticas de sustentabilidade, de acordo com as condições existentes em cada uma. Como os estudantes podem contribuir para adotar práticas sustentáveis na escola? Explique.

_____
_____
_____
_____

Uma escola localizada no Recife criou um projeto de compostagem. O objetivo era transformar resíduos orgânicos em adubo e utilizá-lo na horta escolar, conscientizando a comunidade escolar a descartar corretamente o lixo orgânico. Para viabilizar o projeto, alunos e professores inscreveram o projeto em uma plataforma de **financiamento coletivo**, também chamado de *crowdfunding*, em inglês.

O financiamento coletivo significa obter recursos para um projeto por meio da doação de dinheiro de qualquer pessoa que julgue que o projeto é importante e que deve ser realizado.

Alimentar → Reciclar → Compostar → Adubar → Plantar

Ciclo da compostagem.

4 Veja a seguir o orçamento publicado pela escola na plataforma de financiamento coletivo.

ORÇAMENTO – PROJETO ESCOLAR DE COMPOSTAGEM	
Melhorias de infraestrutura (portões e fechaduras, e serralheiro)	R$ 2.300,00
Equipamentos diversos, incluindo vasos para armazenamento de adubo	R$ 1.500,00
Materiais para a oficina de compostagem "Faça seu minhocário" (Furadeira e baldes)	R$ 1.280,00
Sistema de irrigação para horta	R$ 1.400,00
Materiais para compostagem e equipamentos de proteção individual (triturador, carrinhos, capacetes etc.)	R$ 4.207,00
Taxa cobrada pela plataforma de *crowfunding*	R$ 1.000,00
Meta	

a) O que é a meta de um financiamento coletivo?

_____

_____

b) Qual é a meta do projeto escolar de compostagem? Preeencha no quadro acima.

c) Quanto a escola terá de pagar à plataforma no caso de conseguir o financiamento total?

_____

d) Quanto sobrará para a escola?

Existem basicamente dois tipos de financiamento coletivo: o chamado "tudo ou nada" e o flexível. O tipo "tudo ou nada" determina que, se a meta não for atingida, o dinheiro que foi doado é devolvido aos doadores e o projeto não é realizado. O tipo flexível estabelece que, mesmo se a meta não for atingida, o projeto deve ser realizado, e os proponentes se responsabilizam para conseguir o dinheiro que falta.

Os alunos e os professores da escola do Recife inscreveram seu "Projeto escolar de compostagem" na plataforma de *crowdfunding* na modalidade flexível.

5 Leia a seguir o quadro que mostra o quanto o projeto escolar conseguiu receber.

Projeto escolar de compostagem
Meta: R$ 11.687,00
Valor alcançado: R$ 7.652,00
Apoiado por 160 pessoas

a) A escola conseguiu financiar o projeto de forma total?

◯ Sim

◯ Não

b) Quanto faltou para a escola executar o projeto do modo como havia planejado?

c) De que maneira os professores e estudantes podem conseguir o dinheiro que ficou faltando para completar o orçamento do projeto? Converse com os colegas e deem sugestões.

Nesta lição, você estudou o que é sustentabilidade. Conheceu também modos de vida sustentáveis e as ações e práticas presentes nesses modos de vida.

Além disso, você conheceu os 5 Rs: repensar, recusar, reduzir, reutilizar e reciclar. Os 5 Rs nada mais são do que atitudes e ações simples que podemos adotar no nosso dia a dia para contribuir para um mundo mais sustentável.

Ficou sabendo também o que é o financiamento coletivo, ou *crowdfunding*, uma maneira de engajar diferentes pessoas em projetos, viabilizando financeiramente esses projetos.